AF246151

QUELLE SERA LA FIN

DE TOUT CECI?

QUESTION ADRESSÉE AUX PERSONNES
QUI SAVENT MÉDITER ET PRÉVOIR.

PAR UN AMI DE LA VÉRITÉ.

Principiis obsta. Serò medicina paratur,
Cum mala per longas convaluère moras.
OVID.

BIBLIOTHÈQUE ROYALE

PARIS,

LE NORMANT, IMPRIMEUR-LIBRAIRE,

19 JUILLET 1815.

QUELLÉ SERA LA FIN

DE TOUT CECI?

Dix jours à peine se sont écoulés depuis le retour du Roi dans la capitale de ses Etats (retour précédé par des circonstances locales dont l'histoire ne manquera pas de faire le véridique rapport) que déjà le foyer révolutionnaire s'y rallume sous nos pieds avec une effrayante véhémence. Le centre de cet ardent foyer de trouble et de révolte paraît être fixé, du moins en ce moment-ci, par ceux qui, sourdement, en attisent le feu, sur les boulevarts qui avoisinent le faubourg Saint-Antoine, à partir de la porte Saint-Martin jusqu'aux extrémités orientales de ces mêmes boulevarts; et ses ramifications s'étendent et se développent en bien d'autres endroits, mais avec moins d'éclat et de chaleur. Le temps fera le reste, et l'explosion générale finira, sans doute, par éclater comme aux plus beaux jours de notre révolution d'éternelle mémoire, si l'on continue à s'endormir, avec sécurité, sur les bords du volcan, tandis que les irréconciliables ennemis du repos public veillent et agissent.

On ne saurait disconvenir que l'esprit de la garde nationale de Paris, considéré sous un point de vue général, ne soit essentiellement bon et sincèrement attaché au Monarque et aux Princes de sa maison, quoique exalté plus ou moins par un reste de levain révolutionnaire, qui ne disparoîtra qu'au moyen de sages mesures et à l'aide efficace du temps. Mais, dans cette même garde nationale, il existe un certain nombre d'individus foncièrement opposés à l'état présent des choses (surtout parmi les officiers de la création ancienne et nouvelle de Buonaparte), individus entièrement dévoués à la cause de cet ex-usurpateur, et formant, dans ce corps respectable, une minorité peu considérable sous le rapport de sa quantité numérique, mais très-dangereuse, à tous égards, par la nature de ses principes et par l'exaspération de ses sentimens, ainsi que par l'énergie de caractère qui semble être affectée aux personnes dont la révolution a échauffé les têtes, en égarant souvent les cœurs, à la différence, tout-à-fait contraire, des royalistes, dont, généralement parlant, comme nous le faisons de leurs brûlans antagonistes, les cœurs sont purs et droits, mais les têtes ou foibles ou glacées.

C'est ce modique et pernicieux fragment de la garde nationale de Paris, dignement secondé par divers chefs principaux et particuliers de cette garde, soit en pied, soit à la suite, et qu'on a vu naguères influencer un grand nombre de ses camarades ; c'est ce peloton d'entreprenans et actifs révolutionnaires qui, toujours d'accord avec les maximes et les vues de son parti, et quoique environné, sous ses yeux même, d'une force imposante et victorieuse, osait, dernièrement encore, arrêter et comprimer, dans Paris, l'élan du cœur et le vœu général qui se dirigeaient vers le gouvernement légitime et vers les heureux emblêmes de ce gouvernement de nos pères, et qui, pressé dans ses derniers retranchemens et contraint de céder, a porté son aveugle audace jusqu'à vouloir ensuite transiger, pour ainsi dire, à sa guise, avec son auguste et trop bon Souverain, en ayant le front de lui proposer isolément (quel délire inconcevable !) de proscrire à jamais l'antique et national drapeau des lis et la cocarde blanche, pour adopter et y substituer le sanglant pavillon tricolore et la cocarde similaire. C'est ce même noyau de citoyens, d'autant plus dangereux qu'ils sont armés pour faire, autour d'eux, respecter l'autorité royale, et pour maintenir la tranquillité publique, ce sont ces mêmes hommes que rien ne saurait changer au fond, ou, pour mieux dire, un certain nombre d'entr'eux (à moins pourtant qu'on ne se prête à supposer que c'étaient des hommes déguisés et costumés en gardes nationaux, comme, après tout, cela pourrait bien être, vu l'astuce et les ressources ordinaires des malveillans) qui, dans la soirée d'avant-hier, 17 de juillet, et non loin d'un de nos théâtres des boulevarts, ont pris une part active à l'émeute populaire qui y a eu lieu, et qu'ont formée plusieurs milliers de factieux de la lie du peuple, fédérés-tirailleurs et autres, que dirigeaient des individus à *moustaches rasées*, et que favorisait encore la force d'inertie de quelques groupes de gendarmes à pied et à cheval ;

qui n'ont paru là que comme des statues, ne prenant fait et cause pour personne, et restant les bras croisés, de même que s'ils eussent formé seulement, au milieu de la bagarre, un corps de neutralité armée, eux, néanmoins, que l'exercice de leurs fonctions appelle, d'une manière spéciale, à réduire et dissiper les attroupemens.

Voici comment s'est passée, à ce qui m'a été raconté par un témoin oculaire, cette scène affligeante à tous égards, et dont les conséquences offrent une perspective alarmante, en la comparant à celle par-où, dans la ville de Versailles, et dans le palais même de nos rois, au mois d'octobre 1789, la révolution française a commencé ses horribles saturnales. Un garde de la porte du Roi paraît sur le boulevart où est situé le théâtre de la Gaîté, à l'heure du spectacle; un individu, qu'il ne connaît nullement, et qui paraissait être un de ces hommes que, depuis quelques jours, on est convenu de désigner sous la qualification de *moustaches rasées*, vient à lui, tenant entre ses lèvres un œillet rouge que, d'une, main il en retire, et passe effrontément sous le nez du garde, en lui arrachant, de l'autre main, un œillet blanc qu'il avait à sa boutonnière, et accompagnant sa double offense d'un amer et dédaigneux ricannement. Le garde, aussi grièvement insulté de gaîté de cœur, tire son sabre, et, au lieu de le lui passer droit au travers du corps, ainsi que l'insolent provocateur devait s'y attendre, se borne à l'en frapper de son tranchant. Aussitôt la *moustache rasée* jette un cri qui rassemble, à l'instant même, autour d'eux, une foule de gens apostés d'avance dans tous les environs, et armés de bâtons ferrés, de longs compas de maçons, de coûteaux, etc. Le garde alors se replie à la hâte, en faisant le moulinet avec son sabre, vers le théâtre voisin, et appelle à son secours ses camarades de la Maison du Roi, gardes du corps, de la porte, et autres militaires. L'action, bientôt après, devient générale, et s'engage entre vingt-cinq à trente jeunes gens de la Maison du Roi et plusieurs centaines de ces mêmes factieux qu'avait armés, depuis peu, Buonaparte, ainsi que de leurs dignes adjudans, voleurs relâchés ou échappés des prisons. Un détachement de la garde nationale, ou, du moins, un corps qui en avait l'apparence ; accourt, au bruit, sur le champ de bataille où figuraient, sans agir, comme je l'ai déjà dit, nombre de gendarmes, amis de la paix, tandis que plusieurs autres d'entr'eux, s'escrimant de la langue, et non pas autrement, criaient à tue tête : « *A bas les royalistes, tapez les royalistes* » : et le résultat, plus hostile que régulier de l'entremise d'une partie de ce détachement de la garde nationale, effectif ou simulé, a positivement été, qu'un garde de la porte a reçu, d'un homme vêtu en garde national, et auxiliaire, sans doute, de l'illustre corps des fédérés-tirailleurs, un coup de sabre sur la tête, dont il est considérablement blessé.

Ce qu'il y a de plus déplorable encore dans cet affreux guet-à-pens, le voici : un autre garde de la porte, âgé d'environ dix-huit ans, qui a suivi son Roi dans sa retraite, et l'a accompagné dans son retour (c'est en dire assez), rudement frappé d'un coup de bâton ferré, qui lui a crevé un œil, est tombé sur le coup et a été foulé aux pieds de ces enragés révolutionnaires, au point qu'il en a eu la poitrine et les côtes fracassées, et n'a survécu

que d'à peu près vingt-quatre heures, à cette
abominable agression , que des avis perfides
et mensongers dénaturent tellement qu'on a
osé la présenter comme provenant du fait
propre des jeunes gens attachés à la Maison
militaire du Roi ; ce qui est (le terme n'est
pas trop fort) une atroce calomnie. Enfin , le
résultat de cette horrible provocation , sus-
citée par de secrètes manœuvres et d'exé-
crables instigations , a été, que ce jeune garde
de la porte , victime de la fureur des factieux,
M. Decout (on peut le nommer, celui-là ,
sans craindre de l'exposer à partager la pu-
nition dont ses infortunés camarades sont me-
nacés), est mort, hier au soir, des suites de sa
blessure et de sa chute au milieu d'un tas de
forcenés, laissant , après lui, une mère et des
parens désolés, et emportant, du moins, dans
la tombe , et l'estime de ses chefs et les re-
grets de ses compagnons d'armes, et qu'en
outre , plusieurs de ces derniers, ainsi que
divers gardes du corps , ont été blessés ou
frappés plus ou moins grièvement. Du côté
des factieux, plusieurs, il est vrai , ont péri,
et d'autres ont été blessés. Mais , enfin , de
quelle part est provenue l'attaque ? de celle ,

incontestablement, des révolutionnaires ; et, d'ailleurs, le fait, par lui-même, est de toute évidence, au point qu'il ne peut y avoir ou qu'aveugle passion ou qu'imbécillité pitoyable qui puisse le dénier. Car, est-il a présumer qu'une trentaine de jeunes gens bien nés, soumis à une discipline militaire, ayant l'honneur d'appartenir à la Maison du Roi, rassemblés, les uns, dans une salle de spectacle, et les autres, aux environs, sur une promenade publique, soit allé tomber, simultanément et sans provocation quelconque, sur un nombre immense de factieux qui, dans un instant, ont couvert toute cette vaste partie des boulevarts, et que n'ont pu ou voulu dissiper ni les détachemens de la garde nationale, accourus sur les lieux, ni les pelotons de gendarmes qui s'y trouvaient ?

Et cependant, aujourd'hui, cette brave et loyale jeunesse, dont tout le crime, aux yeux de nos fougueux buonapartistes et patriotes, est de s'être dévouée, de cœur et d'âme, au service de son Prince et à la garde de sa personne sacrée, d'avoir tout quitté pour le suivre et s'attacher, sans réserve, à ses pas, de composer enfin cette Maison militaire du

Roi, contre laquelle s'élève, en ce moment, avec fureur, le parti révolutionnaire, comme il le fit en 1789, et, sans doute, encore dans les mêmes vues; aujourd'hui, dis-je, cette noble et belle jeunesse, pour triste prix de tous ses sacrifices et de son glorieux dévouement, et par un pusillanime et dangereux ménagement, serait donc indignement humiliée, en voyant ceux de ses camarades qui ont été si ostensiblement attaqués, insultés et frappés; en les voyant, dis-je, punis d'avoir opposé une légitime et courageuse défense à une odieuse et lâche agression, et d'avoir ainsi justifié, par leur bravoure et leur fermeté, le précieux honneur qu'ils ont d'appartenir spécialement au Roi !

Ah! si l'on pousse, jusqu'à un tel excès, l'impolitique et pernicieux abus des ménagemens hors de saison envers d'insolens factieux qu'on sait être capables de tout, hors de rentrer, d'eux-mêmes, dans les bornes du devoir, et le mépris des justes égards qui sont dus à des sujets fidèles et braves ainsi qu'à leurs honnêtes et infortunés parens, si, par cette apathique insouciance, ou, plutôt, par cette fatale déviation des seuls et vrais moyens de

gouverner, en ces temps orageux, le vais-
seau de l'Etat, l'on ne craint point de s'exposer à voir renouveler bientôt les scènes
tragiques de 1789 et celles qui les ont sui-
vies, quel sombre avenir, en ce cas, se pré-
sente encore à nos yeux ! Comment ! n'est-ce
point assez de vingt-six années de révolution,
et n'est-il pas temps qu'on la termine irrévo-
cablement, pour le répos général de l'Europe, en extirpant le mal par sa racine,
puisque l'on a, mainteuant, à sa disposition,
tous les moyens convenables pour parvenir
à un but aussi desiré? C'est l'extrême bonté,
ou, plutôt (osons le dire), c'est la foiblesse de
Louis XVI qui a mis cet infernal système
politique à même de se former; c'est la mé-
sintelligence des Puissances de l'Europe qui
l'a soutenu et fortifié; et c'est, actuellement, à
l'active et salutaire union de ces mêmes Puissances réunies à Paris, et qu'un intérêt com-
mun doit vivement animer à cet égard, ainsi
qu'à la fermeté du Roi de France, encore
plus intéressé que tout autre au même but,
c'est, dis-je, à cet heureux concours de grands
moyens, qu'il est donné de faire disparoître à
jamais ce fatal principe de trouble et de dé-

sorganisation fondé sur la prétendue souveraineté des peuples (ce qui n'est, au fond, qu'une
conception vague, abstraite, et dont l'application intempestive est presque toujours dangereuse), au détriment du principe sacré des
droits d'hérédité et de légitimité des Princes,
unique et solide base du repos des nations.

Il n'y a pas au-delà de dix jours que Paris
a revu dans son sein le Monarque chéri qu'une
faction rebelle en avait repoussé ; et déjà sa
Maison militaire est ouvertement attaquée,
insultée, frappée, par des milliers d'énergumènes, que rend audacieux l'impunité qui
les soutient ; plusieurs de ses gardes sont blessés par cette populace effrénée, dont le signal
de ralliement est le cri forcené de *Vive l'Empereur !* cri lancé par elle, en plein jour, au
milieu de Paris, avec des vociférations affreuses, ainsi qu'on l'a entendu avec horreur
durant cette éclatante émeute d'avant-hier ;
l'un de ces mêmes gardes de la Maison du
Roi est dangereusement atteint, d'un coup de
sabre sur la tête, par un garde national, ou, du
moins, par un individu qui en portait l'uniforme ; un autre d'entr'eux, à la fleur de son âge,
et à peine encore rétabli des fatigues éprou

vées dans sa route militaire, à la suite de son Prince, du sein de la Belgique aux murs de Paris, tombe sous le coup du bâton ferré d'un de ces hommes incorporés ci-devant dans cette masse armée de fédérés-tirailleurs, dernière et funeste création du génie infernal de Buonaparte, et, brisé, rompu sous les pieds de cet amas de furieux, rend les derniers soupirs, vingt-quatre heures après, dans les bras de ses parens inconsolables ; et l'on parle de punir ces nobles et intéressantes victimes de leur dévouement à la personne du Monarque, et de leur attachement sans bornes à l'honneur, qui est l'âme et la vie du militaire!...Enfin, s'il ne s'opère pas un prompt et heureux changement daus l'état présent des choses, à quoi sommes-nous destinés, et, en dernier résultat, *quelle sera la fin de tout ceci ?*

FIN.

www.ingramcontent.com/pod-product-compliance
Lightning Source LLC
LaVergne TN
LVHW051037060726
842524LV00007B/2876